アスク セレクション②

シェイム
恥…

生きづらさの
根っこにあるもの

監修 岩壁 茂

アスク・ヒューマン・ケア

構成　アスク・ヒューマン・ケア
イラスト　よしだみぽ

はじめに

悲しみや怒りが、生きづらさのもとになると思っているかもしれません。ところが多くの場合、苦しい生き方の根っこにあるのは「シェイム・恥」の感情です。

この感情は、感じること自体が恥や痛みにつながるため、たいていは自分の中でも隠されています。
たとえば「おまえ、オレのことをバカにしてるのか！」というのは、恥の感情を一瞬にして怒りにすり替えた例です。

隠された感情だからこそ、有害な力をまき散らします。
それならいっそ、隠れていた＜シェイムくん＞に登場してもらいましょう。

「恥」の支配から抜け出す大冒険が始まります。
案内人の岩壁茂先生は、感情を研究する専門家です。
では、出発しましょう！

アスク・ヒューマン・ケア

も・く・じ

プロローグ　そもそも、感情って何？ ... 5

PART 1　「恥」は基本の感情 ... 15

PART 2　「恥」の破壊力 ... 21

PART 3　トラウマ・依存症と「恥」... 33

PART 4　役に立つ！ 7つのカード ... 43

PART 5　みんなの体験 ... 51

臨床で扱う《恥》マニュアル ... 61

監修者あとがき ... 66

プロローグ

そもそも、
感情って何？

岩壁先生、こんにちは。
恥（シェイム）の話に入る前に、素朴なギモンです。
「あの人は感情的だ」とか「感情にふりまわされている」
などの言い方をすることがありますが、感情って「よくな
いもの」でしょうか？
感情は何のためにあるのでしょう？

　感情を表現することは「生物として生き残るためのコミュニ
ケーション手段」です。

　赤ちゃんは何も教えられなくても、泣いて空腹を訴えたり、
抱いてほしいことを伝えたりします。

　親は泣いている赤ちゃんを前にすると、オムツが濡れている
のかな、眠いのかな……と読みとって、その欲求を満たそうと
します。

　赤ちゃんがニコッと微笑むと、思わず一緒にニコニコして、
二人の間でニコニコの感情が大きくなります。そしてお互いの
愛着が育っていきます。

　感情を感じ、表現するのは、人間だけではありません。

　私たちは犬や猫の様子を見ても、その犬や猫が今、悲しいの
か、楽しいのか、こちらに近づきたいのか、警戒しているのか、
自然にわかると思います。

　ウーッとうなる、しっぽをふる、すりよってくる、毛を逆立
てる……感情はこのように、全身に現われるものです。

プロローグ | そもそも、感情って何？

哺乳類に共通のプログラム

感情のプログラムは、大脳の辺縁系を起点として、身体じゅうに張り巡らされています。これは哺乳類に普遍的と言ってもよいものです。

「怒り」を感じると、一瞬にして顔が紅潮し、心臓がドキドキし、身体はこわばります。
「怖い」と感じると、身体は縮こまったり、固まったり、あるいは全身の筋肉がスイッチオンして逃げる態勢をとったりします。
「不安」を感じると、わきの下や手足に汗をかいたり、心臓がドキドキします。

怒りのドキドキと、不安のドキドキは明らかに違います。
それがどう違うかは、理屈ではなく「身体が知っている」ものです。

感情の波長を合わせる

　感情による生物学的な反応は、人間でもサルでもほぼ共通のものです。けれど、私たちが自分の感情をどう感知し、どんな意味を与えるかは、社会文化的な背景や、個人的な背景によって変わってきます。

　たとえば「男は泣くものではない」「女が怒るのはみっともない」という文化のもとでは、特定の感情を感じないように抑える習慣ができます。

　個人的な背景としては、成育歴が大きく関係します。
　先ほど、赤ちゃんと親が一緒にニコニコする話をしましたが、こうやって互いの感情の波長を合わせることを「情動調律」といいます。
　子どもが育っていく過程で、親からの「笑ってる。楽しいんだね」「いっぱい泣いて、痛かったね。悲しかったねー」といった声かけによる情動調律が、自分自身の調律となり、自分の感情を自分でくみとれるようになっていくのです。
　ところが、親あるいは主たる養育者がうまく機能していないと、自分の感情を自分で上手にくみとれなくなる場合があります。つまり、感情がよくわからない。

　感情がわからないということは、今、生きていくために自分が何を必要としているのかという、ニーズがよくわからないということです。
　なんだかよくわからずに、イライラしてしまう……。

なんだかよくわからないけれど、どこか満たされない……。
なんだかよくわからないけれど、イヤな感じがする……。
こうした状態では、自分が必要としているものを得られないことになり、さまざまな生きづらさが生じることになります。

感情調整とは

「大人になる＝感情を抑えられるようになること」と思っている人がけっこういるようです。

抑えるのではなくて、感情が伝えているニーズに上手に応える形で、感情をコントロールすることが大切です。

感情のコントロールを「感情調整」と呼びますが、「私たち人間がやることは、すべて感情調整だ」と説明する専門家もいるぐらい、これは日々の行動に直結しています。

コーヒーを飲むのは水分補給のためだけではなく、ホッと一息入れるなど、自分を快適にしようとしているわけですね。

お風呂は身体を洗うだけではなく、気持ちを休めるなどの意味がありますね。

食べるのだって、栄養を取るだけではなく、8割ぐらいは感情調整かもしれません。

音楽を聴くのも、アロマテラピーも、感情調整と言えるでしょう。

感情調整には、よい方法と、まずい方法とがあります。

まずはよい方法の例から。
（なんだかムシャクシャする。このムシャクシャはなんだろう？ 今日、上司に言われたことが気になっているのかな。どうしてあの言葉がそんなに気になるんだろう？）

こうして探っていくと、何かに気づいたり、納得したり、解決の方法を考えたり、気持ちを落ち着けたり、友人に話を聞いてもらったりすることができます。

きちんと感情に向き合うことで、上手な感情調整ができるのです。

次はまずい方法の例を。
（なんだかムシャクシャする。えーい、酒を飲もう！）

こうやって、イヤな感情を酒を飲むことでなんとかしようとするのは、まずい調整方法の典型です。

ほかにも例を挙げれば、ムシャクシャして暴力をふるう、ギャンブルで気持ちを晴らす、自傷してスカッとしたりホッとしたりする……いずれも、一時的に効果があるように見えても、結局は破たんするやり方です。

プロローグ | そもそも、感情って何?

 ## 気づかずにいると

　この社会の中では、論理的・理性的・平静でいることが美徳とされがちです。
「感情的」なのは、よくないというわけですね。
　たしかに「感情のままに行動する」と、他人や自分を傷つける結果に終わることがあります。
　けれども「自分の感情に気づいている（感じている）」ことはとても大切です。
　一番やっかいなのは、「ある感情に突き動かされて行動しているのに、自分ではその感情に気づいていない」状態です。

　あるエリートの女性は、夫の浮気が発覚してスピード離婚しました。ちょうど仕事が山積みの時期で、あんな夫のことで悲しんでいる暇などない……と、何事もなかったかのように毎日忙しく過ごしていました。
　でもやがて、何だかモヤモヤとしたものがたまってきて、目の前のことに集中できなくなり、自分の唯一の拠り所だった仕事への意欲と自信を失ってしまったのです。そしてカウンセリングにやってきました。
　もしもこの女性が、夫との信頼関係を失ったことについて、心から悲しみ、泣いていたら、ここまで追い詰められることはなかったかもしれません。
　痛みに触れないようにしていると、その痛みは、ずっと自分の心に刺さった状態のままになるのです。

どんな役割があるか

感情には、それぞれ大切な役割があります。

たとえば「悲しみ」は、絆を作ったり絆を確かめるための感情です。
誰かが亡くなるとお葬式をしますね。家族みんなで肩寄せ合って泣き、思い出を語ります。これは、それぞれの人が故人と結んでいた絆を、遺された人の間で結び直すことです。
悲しみの涙を流すことは、心の傷や疲れを癒すことにもなります。これは自分自身との絆を作り直す作業です。
子どもが泣くと、誰かに「どうしたの」と声をかけてもらえますね。悲しみにくれた状態は、誰かに愛情をもらうためのサインを出しているのです。

「怒り」は、自分の境界が侵されたことを教えてくれます。
同時に、大切なもののために行動するエネルギーを与えてくれる感情です。

「恐怖」は、危険を教えてくれ、危険から身を守るための感情です。

「不安」は、恐怖まではいかない黄色信号。自分にとってよくないものが近づいていると知らせています。

「恥」は基本的に、自己イメージを守るための、そして仲間の輪に属するための、警告の感情です。

これについては、あとでじっくりお話ししましょう。

もちろんポジティブな感情も、大きな役割をもっています。

「喜び・楽しさ」は、生きる基本となる感情で、自分がこの世界の中で生きていくためのリソース（資源）を増やす働きをします。
　というのも、人に限らず哺乳類は、喜びの中でこそ、いろいろなことを学べます。
　楽しいから、集中できます。楽しいことをやろうと思うと、クリエイティブになれるのです。

「好奇心・興味」は、生きていくチャンスを増やす働きをします。たとえばネズミも、新しい部屋に入れられるとまず、周囲を探索して回ります。ここは安全か？　餌はあるか？
　新しいことを知ろうとするのは、生存の可能性や選択肢を増やすことにつながるのです。

「満足感」は、よくやったなあと体験を振り返り、統合することで、自分という存在を形成することにつながります。

「恥」の感情について

　このように、あらゆる感情は、生存に役立ちます。
　けれどもそれが、社会的な学習のプロセスの中で、うまく機能しなかったり、有害になってしまうこともあります。
　機能不全を起こしやすい感情のひとつが「恥」です。
　軽いレベルの恥は健康的なもので、行動を律して規範やルー

ルを守らせる働きをします。
　たとえばサルも「恥」を感じます。それは、自分が属する群れのルールを間違えてしまったときです。
「あ、いけない。恥ずかしいことしちゃったよ」
　こうした感情は、内面からわき起こり、次からは行動を改めることができます。

　けれども恥の感情が強まると、他人へのひけめになったり、こんな自分はダメだと感じたりします。
「自分は学歴がない」「リストラされた」「離婚した」「子どもが問題を起こした」……こうしたことで感じる恥の感情は、自分自身の内面から生まれた感情ではなく、外から来るものです。
　外から植えつけられた恥は、自分でも気づかないうちに、さまざまな問題や生きづらさを引き起こします。

PART 1

シェイムは
基本の感情

ではいよいよ「恥」の感情について教えてください。
うれしい、悲しい……などと違って、「恥ずかしい」とい
うのは隅っこにある脇役の感情だと思っていましたが、ち
がうんですね？

　恥は、喜び・悲しみ・怒り・恐怖などと同じく、文化をこえ
た基本感情のひとつで、生理的・神経的な変化を引き起こすも
のです。
　誰かに教えられなくても感じます。それに国や文化が違って
も感じます。

　お母さんと手をつないで歩いていた幼児が、近所の人に声を
かけられて、サッとお母さんの後ろに隠れる。
　……こうした「恥じらい」「戸惑い」「どぎまぎ」は、自意識の
始まりです。

　成長してからも、初対面の相手や、初めて参加する集まり、
自分が好意を抱く人の前に出たときなどに、どぎまぎしたり、
恥じらいを感じますね。
　……これも、自分を他者との関係性の中で意識したときの感情
です。

　一方、ちょっとした間違いをしたり、少々かっこ悪い姿を見
せてしまった、というときに、思わず顔を赤らめたり、下を向

いたり、顔を手でおおったりする。
……自分の行動は、人からどう思われるだろう？　嘲笑されるのではないか？
と意識したわけです。

このように恥の感情は、必ず他の人との関係性の中で起きる「自意識感情」なのです。

集団にはつきもの

関係性の中で起きる恥は「グループへの所属」に関わる感情でもあります。人間のグループに限りません。社会生活をする霊長類に共通しているのです。

サルの群れで、ボスザルに挑戦して負けたサルは、キーキーと頭を抱えてうずくまります。恥ずかしがっているかのような動作です。この行動を経て、負けたサルは群れに戻ることを許されます。まるで、日本人の土下座や、テレビの謝罪会見で長いこと頭を下げるシーンのようではありませんか。

集団への所属意識が高くなるほど、また、異端を排除する圧力が強いほど、恥の感情は強くなります。

日本社会は伝統的に欧米などに比べて「恥」が強く、かつては恥に耐えられず切腹したり、主君が辱めを受けることは許せずに報復しました。

恥が強いと「こうあらねばならない」という規範意識も強くなります。男は強くあらねばならない、人に迷惑をかけてはならない、場をわきまえて出しゃばった振る舞いをしてはならない、など。

みんなが同じ髪型なのに、私だけ違う。
どうしよう！！
（シェイムくんの攻撃だ）

どの人も思い思いの髪型をしてる。
それぞれ似あってる。
どんなあなたも歓迎だよ〜
（シェイムくん出てこない）

PART1 | 「恥」は基本の感情

　今でも「世間に顔向けできない」「肩身が狭い」「メンツをつぶされた」「プライドが傷ついた」など、恥は日常のさまざまな場面に顔を出します。

　集団のまとまりを維持するには、恥という感情はとても役に立ちます。
　一方、個人にとっては自分のありようを縛るものにもなるのです。

 ## 性は「恥ずかしいこと」？

　恥を「演出」することは、集団の中で生きやすくなるスキルでもあります。
　新入生や新入社員など、組織の「新入り」が、最初から堂々とした態度をとるのではなく、恥じらいのポーズを見せることは「初々しい」印象を与え、かわいがられる効果があります。これも人間に限らず、サルも同じです。
　いわゆる「ぶりっこ」も同じで、男性に対して女性が見せる恥じらいのポーズです。

　性と恥も、結びつきやすいものです。
　恥は集団の道徳規範に関連するため、その集団の性をめぐる意識のありかたによって、恥が呼び起こされるのです。性は喜ばしいことであり、決して悪いことではないのに、「恥ずかしいこと」と知覚される場合がしばしばあります。

　ただし、ＡＶなど男性にとって都合のよい性的なシナリオの中に登場する「恥」のテーマは、過去に自分が感じた屈辱や恥

を相手になすりつけるストーリーが少なくありません。性が喜びの共有ではなく、相手を道具にした恥の克服（実際は成功しませんが）になってしまうのです。

　その最たる例がリベンジポルノです。交際相手にふられるなど「屈辱の体験をさせられた」ことへの報復として、相手にひどい恥を与えて相手の人としての尊厳を壊そうとするのです。

PART2

シェイムの破壊力

> 日常の社会生活の中でも、「恥」は本当によくある感情だったんですね。
> でもそれが報復にまでいってしまうなんて……。
> 恥という感情の、何がどう問題なんでしょうか。

　相手をコントロールする手段として、恥を植えつける・恥を喚起する、ということはよくあります。
「いつまでも泣いて、情けない子だ」
「女のくせに、気が利かない」
「男の子なのに、これぐらいのことでこわがるなんて」
「あなたったら、そんなかっこうで私の友人に会うの？」
「そんな大声を出して、みんなが見てるだろう」
　泣きやんでほしい、自分の要求を満たしてほしい、勇気をもってほしい、違う服装をしてほしい、静かに話してほしい……という自分の希望をかなえるために、相手に「恥」を与えているのです。

 ## 恥によって免疫が落ちる！

　このように恥を与えることを、英語で「シェイミング」といいます。これをやると、一瞬にして相手をへこませることもできます。
　たとえば新しいヘアスタイルで出勤した女性に、同僚が「そのへんな髪形、どうしたの？」と鼻で笑ったら、高揚した気分はたちまちしぼむでしょう。

子どもが楽しそうに踊っているときに「なんだそれ、みっともない」と親が吐き捨てるように言ったら、子どもは真っ赤になってうつむくでしょう。そして、「いい気になって浮かれていると、必ずしっぺ返しにあう」ことを学ぶかもしれません。

恥はこうして、ポジティブな体験や感情を壊してしまうのです。

相手に害を与える意図はなく、無意識にシェイミングをしてしまうことはよくあります。子育てでも、学校教育でも、職場の中でも、SNSのやりとりでも。

それはシェイミングをしている人自身が、過去に散々、そのように周囲から扱われてきたからかもしれません。

夫が妻へのシェイミング（鼻で笑う、間違いばかり指摘する、揚げ足を取る、馬鹿にする、無視する、おちょくる）を続けると、妻の免疫力が低下する、という調査があります。

夫婦が言い争っているとき、そのやりとりにシェイミングが含まれていると、関係修復は難しく離婚に至りやすい、という研究もあります。

 罪悪感とどこが違う？

恥が強い破壊力をもつのは、それがさまざまな身体感覚と結びついた自意識感情だからです。

ところで、「恥」と似ている自意識感情に「罪悪感」があります。これは恥のような基本感情ではありません。生理的・神経的なものではなく、抽象的で文化的なものなのです。

恥が「教えられなくても感じる」のに対し、罪悪感は「こう

いう行動は、よくないよ」と教えられることで初めて感じるようになります。

　ですから罪悪感は、特定の具体的な行動に対して生じます。そして、その行動についての後悔や反省、迷惑をかけた相手に対してあやまりたい気持ち、問題を解決したい気持ちへと結びつきます。

　一方、恥は理屈抜きの身体感覚として襲ってくるため、罪悪感よりもさらに強烈な行動規範になります。
　恥を感じる対象は「特定の具体的な行動」にとどまらず、その行動をした「自分という存在そのもの」にも及びます。
　こんな自分はダメだ、相手や世間に顔向けできない、隠れてしまいたい……まさに「穴があったら入りたい」ということになるのです。

　ですから、罪悪感が周囲との関係修復をめざすとすれば、恥は関係から遠ざかる孤立の方向へ向かいがちです。

スティグマによる恥

　受験に落ちた、失業した、離婚した、家族が犯罪をおかした……など、現在の自分の状況に対して「みっともない」「人に知られたくない」と感じるのは、社会的な価値観を自分の中にとりこんだことによる、恥の感情です。
　ほかにも、学歴や社会的地位が低い、障害や病気を抱えている、性的マイノリティである、生活保護を受けている、など、本来の自分の価値とは関係なく、社会的な価値観によって恥の感情が起きてしまうことがしばしばあります。

　こうしたマイナスの価値観の決めつけを「スティグマ」とも呼びます。
　恥は個人の内面の体験で心理学の分野ですが、スティグマは社会学の用語で、外側から押される「烙印」なのです。
　外側から差別やスティグマが与えられると、その人の内面で恥を体験しやすくなります。
　周囲と違うから自分はダメなのだと思いこむ「みにくいアヒルの子」状態が起きてしまうのです。

スティグマをつくりだす価値観から無縁に生きることは、まず無理です。
　私たちは幼いころから、親や周囲の大人・学校教育やマスメディア・同年代の共感や圧力などによって、社会的な価値観が流れ込んでくるからです。
　それでも、社会的なスティグマが内面にどれぐらい恥の感情を引き起こすか、どれほどのダメージになるかは、個人の状況によって違ってきます。

「○○でなければ許されない」のように自分や他人を裁く思考が強いと、恥の感情は起きやすいでしょう。
　子どもが親の恥を背負う羽目になることも、よくあります。
　たとえば、学歴が低いことに引け目を感じてきた親が、子どもは何としてでも一流大学に入れようとする。音楽家の夢を断念した親が、子どもに音楽のスパルタ教育をする。仕事をやめて専業主婦となった生活にむなしさを感じる親が、娘には「結婚は慎重に」「男よりキャリアが大事」と説いて聞かせる。
　……このように、親の恥を克服する「任務」が、子どもに与えられるのです。
　これが重荷になることも多いですが、ときには子どもと親をつなぐ役目も果たします。

 ## 中核的な恥の感情

　さて、いよいよ一番やっかいな「恥」の話です。

　自分は価値がない。
　ダメな存在だ。

必要とされていない。

できそこないだ。

誰にも愛されない。

自分はおかしい。

こんなことになっているのは自分だけだ。

誰にも言えない。

本当の自分を知られてはいけない。

　……こうした、存在そのものにかかわる恥の感情を「中核的な恥（コア・シェイム）」といいます。

　それはいったい、どこから来たのでしょうか。

　自分の中から自然に出てきたものでないことは確かです。生きていくうえでの基本的な感情が、存在そのものを傷つけることなどありません。

　この恥は、社会的な価値観と同様、外から植えつけられたものです。

　もっとも典型的な例は、親からの次のような言葉でしょう。

「おまえを産まなければよかった」

「女の子はいらなかったのに」

「あんたなんか、うちの子じゃない」

　子ども時代の虐待、自分を守ってくれるはずの相手から繰り返し否定されたり拒絶される体験、大切に扱ってもらえなかったり世話してもらえない体験は、中核的な恥を植えつけます。

　とりわけ性虐待は、中核的な恥の原因になります。

　その大きな特徴は「自分が悪いのだ」「他の人に知られてはいけない」「自分は汚れてしまった」などのように思いこまされることです。

どのような種類の虐待であれ、恥ずべき行ないをしたのは相手のほうなのですが、それを子どもが、まるで自分の恥であるかのように「引き受けさせられてしまう」のです。
　その結果、子どもは「変えられない自分の本質が、どこか間違っている」と感じながら生きることになります。
　中核的な恥をもっていると、ささいな間違いや失敗でも、恥の感情に圧倒されやすくなります。
　また、社会的な価値観による恥も強くなります。スティグマを自分の中にとりこんで、自分に向かってシェイミングを行なってしまうのです。
「情けないやつだな」「どうせ私なんか……」と。

跳ぶのをやめた子ども

　大人からみればごく些細なことでも、子どもに恥が植えつけられる場合があります。
　たとえば、初めて縄跳びを跳べるようになった子どもが「パパ、ママ、見て！」と庭で叫びました。けれど両親はちっとも関心を示さない。あるいは、「なんだ、たった一回しか跳べないのか」とけなしたり、「ちょっと！　お母さんの大事な植木をダメにする気なの？」と叱りつけたりします。
　子どもはしょんぼりして、跳ぶのをやめてしまいます。

　子どもが親に向かって自慢するとき、「私って、いいよね！」と感じて、承認を求めているのです。
　それを無視されたり、否定されたり、迷惑扱いされることが何度も続くと、「私って、いいよね！」という気持ちが徐々にしぼんでいきます。

そして、恥の感情が植えつけられ、居座ってしまうのです。

ただし、親を犯人扱いして終わる話ではありません。

「恥」は世代間を伝わります。子どもに恥を植えつける親は、おそらく自分自身が中核的な恥に苦しんでいたはずです。

恥（シェイム）のセルフ・チェック

次のようなことがあったかどうか、過去１年ぐらいを振り返ってみましょう。
※感情が揺さぶられることがあります。現在とても苦しい時期にいる方は、状況が安定してからチェックしてください。

A群
□「ばかなことを言ってしまい、決まりが悪い」と感じた
□「不適切な行動をしてしまい、人がどう思ったか」が気になった
□「失敗したことを、なんとか隠したい」と思った
□「自分の失敗を知っている人と、できれば会いたくない」と思った
□「自分の能力について、人がどう思っているか」が気になった
…………………

B群
□「こんなことになったのは、人生の汚点だ」と感じた
□「今の自分は、自分でも許せない」と感じた
□「自分は負け組（敗者・落伍者）だ」と思った
□「親族（または世間）から白い目で見られている」と感じた
□「自分の弱さを、人に知られてはいけない」と思った
…………………

C群
□自分の身体（またはその一部）を、みっともないと感じた
□自分の外見を、他の人がどう思っているか気になった
□自分は男として・女として「どこかおかしいのでは」と感じた
□自分は男として・女として「劣っているのでは」と感じた
□自分の性的なありかたを、他の人がどう思っているか気になった
…………………

D群
□「自分はつくづく情けない（ダメな人間だ、汚れている）」と感じた
□「悪いことが起きるのは、すべて自分のせいだ」と思った
□「こんな自分は誰も好きになってくれない」と感じた
□「本当の自分を、他の人に知られてはいけない」と思った
□「自分には居場所がない・生きている資格がない」と感じた

PART2 | 「恥」の破壊力

===== **セルフ・チェックの解説** =====

チェックがいくつあるから問題、と判定するものではありません。自分自身の状態に気づくためのヒントとしてください。

A群について

日常で起こり得る恥の感情です。この感情自体を否定する必要はありません。

集団の中で生きている私たちにとって、自分が何か不適切な行動をしたかもしれない……と感じたとき、恥の感情は多かれ少なかれ、自然にわき起こってくるのです。決まりが悪くなるのも、人にどう思われたか気になるのも、できれば失敗を知られたくないのも、すべて自然な感情です。

たとえば自分に向かって「ああ、すごく恥ずかしかった！」と認めた上で、「今度は気をつけよう」と思えれば恥は薄まります。あるいは誰かに「こんなことがあって、恥ずかしかった」と話して「私も経験がある」「そういうとき、本当にうろたえるよね」など受け入れてもらうと、恥は薄まります。

これに対して、恥の感情自体をなかったことにして抑えつけようとすると、恥は大きくなります。

B群について

社会的なスティグマにまつわる、恥の感情です。

「こうでなければ許されない」という思いが強いほど、その枠にあてはまらない自分の現状に対して、恥の感情が強くなります。

この恥の感情を「向上心に結びつく」と考える人もいますが、実際は逆の場合のほうが多いのです。

自分を恥じ、自分への思いやりを欠いた状態で必死に努力したとしても、どこまでいっても満足できず、疲れ切ってしまいます。

C群について

自分の身体や、社会的な性別役割、性自認にまつわる恥の感情です。

自意識とも関係するので、思春期など成長過程では多かれ少なかれ感じるものです。また、自分に好意をもってほしい相手の前で、恥の感情を感じやすくなるのも自然です。

ただし、恥の感情が自分の存在そのものに及ぶと（たとえば「女に生まれなければよかった」「男として自分はダメ」「私の身体は汚れている」）、それは「コア・シェイム」になります。

D群について

コア・シェイム、つまり自分の存在に関わる深い恥の感情です。これは自然にわき起こるものではなく、何らかの状況下で「外から植えつけられた」ものです。つまり実は、あなた自身の恥ではありません！

PART3
トラウマ・依存症とシェイム

依存症・摂食障害やＰＴＳＤに「恥」の感情が大きく関係
しているって、一体どういうことですか？
悲しみや怒り、恐怖の方が、つらい感情なのでは？

　悲しみは、どれだけ深くても、決して有害な感情ではありま
せん。
　問題になるのは悲しみを抑えてしまうことであって、悲しみ
そのものは自然な癒しの感情です。
　たとえば亡くなった人をみんなが共に悼むとき、「つながり
たい。手を差し伸べて支えあいたい」という生理的な変化が起
きます。
　本来の悲しみは、人を結びつけます。人と人とが遠ざかるの
は、悲しみを無理に止めようとするときです。

　怒りも、周囲の人との関係を良好にする指針となる感情です。
自他の境界を教えてくれ、問題の所在を示し、話し合うための
エネルギーを与えてくれます。
　無理に抑えたり、長いことためこんだりしなければ、怒りは
本来、危険な感情ではありません。

　このように悲しみも怒りも「前に踏み出す感情」なのです。
　それとは対照的に、恥と恐怖は「退却感情」と呼ばれます。
文字通り、その場から逃げようとする、相手との関係から遠ざ
かろうとする生理的な感情です。
　恥と恐怖の違いをかんたんに言えば、恥はあらゆる日常で人

34

の行動を縛ります。恐怖は異常時（たとえば暴力だけが支配する状態）に発動して人の行動を縛ります。

 ## ＰＴＳＤと恥

　トラウマとなるような出来事があったとき、ＰＴＳＤを発症する場合もあれば発症しない場合もあります。出来事が何度も重なるほど発症のリスクは高まりますが、それに加えて重要な要素が、出来事にまつわる感情です。

　かつては「圧倒されるような恐怖」がＰＴＳＤを語る主役の位置を占めていました。けれど最近、ＰＴＳＤの発症には恐怖だけでなく「恥」が大きくかかわっていることが明らかにされています。
　災害のあとで「私が○○していれば家族は助かったかもしれないのに」など、自己批判の恥がしばしば起こります。
　中でも対人トラウマ（虐待や性犯罪、ＤＶなど加害者が存在するもの）の場合は、恥の感情こそがトラウマ症状を引き起こす重大な引き金となります。

「私に落ち度があったのだ」
「私が○○しなければ、こんなことにならなかった」
「こんなこと、誰にも言えない」
「私は汚れてしまった」など……。
　いずれも、加害者や社会的スティグマによって、外から植えつけられる恥の感情です。第三者から投げつけられる無理解な言葉や視線による二次被害も、恥をつのらせます。
　ＰＴＳＤは、ひどい目にあったからなるのではなく、いわば

「恥を通って起きる」のです。

だからこそ、ＰＴＳＤの発症を防ぐには、恥をストップすることが大切です。

たとえば性犯罪の被害者には「あなたが悪いのではない」「この出来事によって、あなたの価値は少しも損なわれていない」ことを、繰り返し、はっきりと保証する必要があります。

「隠された」恥

恥の感情は、それを感じること自体が恥や痛みにつながるため、多くの場合、自分の中でも隠されてしまいます。

認めていない感情だからこそ、有害な力をまき散らすのです。

たとえば男性が最も怒り狂うシーンは「バカにするな！」ですが、これは恥の感情を感じていることを示します。けれど恥として感じるのはつらいので、一瞬で怒りや攻撃に変換するのです。

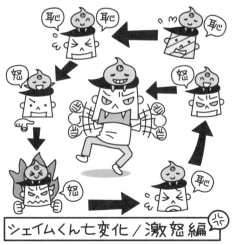

PART3 | トラウマ・依存症と「恥」

がんばり・酔い逃げ

　ほかにも、恥から逃れるために人が試みる方法はたくさんあります。

感情のスイッチを切る

　他人事モードや批評家モードになる。
　たとえば不注意で職場の備品を壊してしまったとき、「最近のものは作りが悪いね」とうそぶいたり、他のメーカー品と比較して知識を披露するなどです。

閉じこもる

　恥を予防するため、人との関わりを避ける。
　恥の感情は他人との関係の中で生じるので、踏み出さずにいればこれ以上恥を感じないですむというわけです。
　ただし実際のところ、他人は心の中に常にいるので、閉じこもって動かずにいる限り恥は居座ります。

過度の自己抑制

　みっともない振る舞いをしないよう、場違いなことを言わないよう、いつも注意深く自分を見張ってコントロールしようとします。

37

過度のがんばり

心の中で響く「自分はダメだ」という声を黙らせようと、必死で走り続けます。

眠る時間も削って仕事をし、十分な業績をあげているのに、「まだまだダメだ」という声に駆り立てられ、疲れ切ってしまいます。

自分を大きく見せる

やたらと見栄を張ったり、限りなく名誉を追い求める生き方の背景には、ぬぐいきれない「恥」の感覚があることが少なくありません。

酔いの力を借りる

実はこれが、もっとも手軽な方法かもしれません。

ちょっとした決まりの悪さも、失敗をめぐるモヤモヤも、社会的なスティグマによる痛みも、さらに中核的な恥の感覚さえも、酔ってしまえば麻痺させることができるからです。

PART3 | トラウマ・依存症と「恥」

摂食障害と依存症

摂食障害や依存症と「恥」について、多くの専門家が研究を重ねてきました。

「シェイム・プライド・サイクル」

いわゆる拒食症について、恥とプライドが入れ替わりながら進行するサイクルとして説明する考え方があります。

最初は、自分の身体や自分自身について「みっともない」など恥の感情をいだき（シェイム）、それを克服するため、ダイエットに挑戦します。

食事のコントロールに成功し、体重が減ったり体型がスリムになるという成果を得ます（プライド）。

けれど「このぐらいではまだダメだ」と感じ（シェイム）、さらに自分をコントロールする努力を続けます。

成果が上がります（プライド）。

このサイクルを繰り返しながら、やがて振幅が限度を超え、コントロール不能に陥ります。

39

「シェイム・シェイム・サイクル」

過食症や過食嘔吐は、次のようなサイクルです。

自分自身や自分のありかたについて「みっともない」と感じます(シェイム)。

その痛みから逃れるため、食べ物を詰めこみます。

けれども過食している自分や嘔吐する自分に対して、いたたまれない思いがします(さらなるシェイム)。

その恥を埋めるため、さらに食べ物が必要になります。

こうして恥が恥を呼んでしまう、エンドレスな状態に陥るのです。

「シェイム・プライド・サイクル」
⇒「シェイム・シェイム・サイクル」

では、アルコール依存症は?

飲酒を始めた当初と、依存が進行した後とでは、サイクルが異なります。

飲み始めのころ、自分に自信をなくすような出来事があったり、人によっては、もっと深いところで中核的な恥を抱えていたりします(シェイム)。

酔えば気が大きくなり、憂さを忘れま

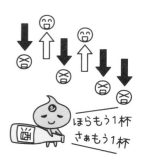

す。中核的な恥を抱えている人も、酔いの世界に入ってしまえば心の痛みから逃れることができます（プライド）。

これが続くうち、アルコールへの依存が進行していくと、別の循環が始まります。

飲み始めた頃のような酔いの快感は得にくくなる、つまり、プライドの段階へ移行することがめったになくなります。代わって、飲酒によるさまざまな問題が起きてきます。

酔っての醜態、自分が何をしたか記憶がない、周囲からの非難、約束が守れない、早く切り上げるはずがつぶれるまで飲んでしまう……（シェイムの連続）。

その情けなさから酒に逃げ、酔ってさらに情けない事態に陥る（さらなるシェイム）という、無限ループに陥ります。

恥のサイクルから抜け出す

これら３つの恥のサイクルから、抜け出すカギは共通です。それは「自分だけではない」ということ。

中核的な恥をあらわす言葉を、もう一度見直してみましょう。

自分はおかしい。

こんなことになっているのは自分だけだ。

誰にも言えない。

本当の自分を知られてはいけない。

……この孤独な恥の世界から、仲間のいる世界へと、踏み出せばいいのです。

恥は、人との間で生まれる感情です。その痛みから回復するのも、人との間でこそ可能になります。

信頼できる治療者や支援者の存在、そして何よりも同じ体験をもつ仲間が集まる自助グループが、力になります。

自助グループでは、仲間の言葉にしばしば笑いが生まれます。

「シェイムが和らいだとき、自然に笑いが出てくる」「笑いは、シェイムによる孤立から、人を再び結びつける」と、複雑性PTSDの提唱者であるジュディス・ハーマンも書いています（※）。

※ Shattered Shame States and their Repair（The John Bowlby Memorial Lecture,2007）

PART4

役に立つ！
7つのカード

恥の有害な影響から抜け出すために。
7つのカードをご紹介します。

そこにいるねカード

「恥」の破壊力に対抗するために役立つ、7つのカード。
　その最初はまず、「恥」という感情が自分の中に生まれたときに、避けずに認めることです。
　逃げ回っているよりも、認めてしまう方が楽になります。
　あんな失敗をして、みっともないと感じている――。
　人からどう思われるだろう、あの日をなかったことにできないものかと、ぐるぐる考えてしまう――。
　なんだか今、情けない気持ちだ――。
　こうした気持ちを信頼できる相手に話せれば、さらに楽になれます。

PART4 | 役に立つ！　7つのカード

自分を応援カード

　うまくいかないことがあったとき、自分をけなすのではなく、温かい態度で応援しましょう。
「人間だから、間違うこともある」
「あのときは、あれが自分の精いっぱいだった」
「人生、うまくいかないこともある」
「誰だって、弱い部分があって当然」
「結果としては残念だった。さあ切り替えて次へ進もう」
「フレーフレー、私」
　三振したバッターに「ドンマイ！」と声をかけるチームメイトのつもりで。

私のじゃない！カード

　外から取り込んだ（植えつけられた）有害な恥は、外に出しましょう。
　子ども時代の虐待、犯罪被害、さまざまな社会的スティグマ……恥ずべきは自分ではないのに、自分がどこか悪いかのように思わされていることがけっこうあります。

「これは、私の恥ではない」
「私の価値は、こんなことで左右されない」
　声に出して宣言しましょう。
　自分の心に届くまで、何度でも口に出してみましょう。

PART4 | 役に立つ！　7つのカード

支えてくれる人カード

　人の中でつくられる恥は、人との間でとかされます。
　中核的な恥が心に居座っているとしたら、自分の価値を認めてくれ、何度でも繰り返し「それでいいよ」と肯定してくれる他者の存在が必要です。

　信頼できる治療者や支援者、支え合うことができる仲間を増やしましょう。受け入れられ、認めてもらう体験の中で、「とるに足らない自分」が「大切な自分」へと変わっていきます。
　仲間同士で生まれる自然な笑いは、孤立や秘密を抜け出す力となり、恥の有害さを打ち砕きます。

ごめんねカード

　誰かにひどい迷惑をかけたり、誰かを傷つけてしまったとき、「あんなことをしてしまった自分はダメだ！」と恥の感情に圧倒されていると、事実に向き合うこともできなくなります。
　まずは自分にやさしくしましょう。
　人は、間違うものなのです。

　恥から少しだけでも抜けだすことができて初めて、「あの行動は間違っていた」と認めることもできるし「悪いことをしたなあ」と思えるようになります。
　あやまりたい、つぐないたい、という気持ちが生まれたら、勇気を出して行動してみましょう。

PART4 | 役に立つ！ 7つのカード

今・ここカード

　恥の感情が心に長く居座っていると、「恥不安」も生まれます。こんなことを言ったらどう思われるだろう、こんなことをしたら笑われるかもしれない……と、絶えず先のことを考えては心がふらふらしてしまうのです。

　息を大きく吐き、呼吸を整えながら、今・ここにいる自分の感覚に集中してみましょう。

　かすかに聞こえる風の音。椅子の座面の感触。木の床に足がついている感じ。あるいは、新しい畳のにおい。心に浮かぶさまざまな考えも、そのままスーッと流していきます。

　ほんの数分でいいのです。自分が「澄んだ状態」に近づく感じを味わってみましょう。

人っていろいろカード

　みんなが同じであるべきだという画一的な基準は、違うものをからかったり仲間はずれにするなど、さまざまな恥を人に与えます。
「これが正しい」「絶対にこうでなければ許されない」という考え方も、恥を生み出します。

　ものの見方も、感じ方も、行動のしかたも、外見も、得意なことや弱点も、一人一人違って当たり前です。
　違いを楽しみ、違いが生む豊かさを味わいましょう。
　それぞれの「その人らしさ」が歓迎される社会を、育てていかれますように！

PART5

みんなの
体験

摂食障害やアルコール依存症からの
回復プロセスで「シェイム」の課題に
向き合った仲間たちの体験です。

汚くたっていい、上等だ！

まいこ

　私の中では、見捨てられ感と罪悪感とシェイム（恥）がセットになっていた。

　父はDVをする人で、母は「子どもさえいなければ別れられたのに」と言っていた。だから私は物心ついた頃から、自分がいなければ母は幸せだったのだ、父から逃れられないのは私のせいなのだと思っていた。

　弟が生まれてからは、「女らしくない自分」「女の自分」もシェイムになった。両親はもともと男の子を望んでいて、幼少期の私はズボンを履いて棒を振り回し、男の子のように育てられた。おもちゃのミニカーも大好き。でも私が好きだったものは、そっくりそのまま弟のものになった。

　なんで女に生まれてきてしまったんだろうと思いながらも、父のDVを止めるために父に媚を売り、機嫌をとる女の子になった。弟と母を守るためだったが、のちに私は、女であることを利用する自分を憎むようになる。

　10代のとき、万引き、喫煙、飲酒、過食、食べ吐きが始まった。一人暮らしになった美容学校時代には、食べ吐き代を稼ぐため売春もした。ところが客からレイプされ、さらに何度も脅迫を受けて仕送りも有り金もとられてしまった。

◆ 食べ吐きが止まらない

　誰にも言えなかった。自分は汚いという強烈なシェイムに苛まれた。

食べ吐きが加速した。

　無性に食べたくなるが、食べると罪悪感が襲って、太ったらどうしようと不安になる。その不安が苦しくてまた食べ吐きをする。そんな自分を恥じる。

　警察から連絡が来て犯人が捕まったことを知り、「あなたの名前が手帳にある。訴えますか」と言われたが、恐怖しかなかった。一人暮らしをやめて実家に戻ったが、心が休まるときはなかった。

　昼間は美容師の仕事をして、表向きは「いい子」を装っていたが、一人になると酒と食べ吐きが止まらない。

　両親との言い争い、父の暴力、さらに精神科で処方された安定剤でよけい具合が悪くなった。

　逃げるように東京に出た。暴力の中に母と弟をおいていく罪悪感はあったが、もう限界だった。

◇ フェミニズムとの出会い

　自分を立て直す支えになったのは、摂食障害の自助グループ「ＮＡＢＡ」との出会いだ。

　ＮＡＢＡのイベントを通しフェミニズムに触れたことと、セックスワーカーの仲間と知り合えたことで、女としての恥の感覚も変わった。

　それまでの私には、女としての自信のなさが染みついていた。彼氏ができても「こんな自分とつきあってくれてすみません」という気持ちがあって、言いたいことも言えず、緊張感とおびえが常にあった。でも、ちょっと待てよ？　と初めて思ったのだ。

　世間から見たら落ちるところまで落ちた女かもしれないけ

ど、売春したって女の価値なんか変わらないのでは？　処女性に価値があるなんて男性優位の考え方では？　などなど。

そもそも自分の中に、こうした世間の考え方が根づいていて、それが自分を生きづらくしているとわかった。

周囲の仲間たちを見たら、すごくがんばって生きているではないか。だったら私だって、生きていていいはずだ。汚くたっていい、上等だ！　と思えた。

食べ吐きも「やってはいけないこと」「恥」とは感じなくなっていった。こんなに生きづらい自分が、何とか生きていくための手段の一つなんだ。そう思えたら逆に、食べ吐きが減った。

◇ 自然な自分って？

「男」への怒りが止まらなかった。

父への恨み、弟への妬み、金も払わなかったレイプ犯への憤り……。世の中の男をすべて抹殺したいほど、憎しみにかられた。

特に弟への思いは複雑だった。両親の期待を一身に背負い、優秀な成績を修め家業を継いだ弟は、私の誇りであると同時に、弟を支える役目に回るしかなかった自分が悔しかった。

あるとき実家で弟と話をした。妬んでいたことを打ち明けたら、弟は「俺だって大変だったんだよ」と言う。同じ家に生まれ共に苦労した仲間なんだと、弟がいとおしくなった。

思えば私の人生には、二つのパターンしかなかった。弱者を守る「ボディガード」と、強い人に三つ指をつく「ホステス」。母に対しても、父に対しても、男性とつきあっても、どちらかの役割を演じていた。そのことに疲れていた。

自然な自分ってどんな感じだろう。

54

それを実感できたのは、仲間の中で過ごした時間のおかげだ。嫌われないように気を遣うのではなく、楽でいよう、と思えるようになった。

愛情を受け取っても「すみません」ではなく「ありがとう」と言うことを教えてもらい、世界観が変わった。

世間の評価は今でも充分怖いし、今も調子が悪くなるとシェイムが顔を出す。でも、仲間がいれば大丈夫！　と思える私になった。

私だけは、自分の味方をしよう。 春生

2016年、相模原事件が起こった時のことです。

犯人の書いた手紙の内容はもちろんのこと、事件を肯定する人たちの声を聞き、私は、凍りつくような恐怖や怒りや悲しみが広がっていく感覚と共に、心のどこかで既視感も感じていました。

何だか似たような感じが、以前にもあった——。それは私の中で深い痛みとして残っている、生活保護に対するバッシングです。

当時の私は、生活保護を受けている自分を恥じながら、その感情に向き合うのもつらくて、燃え尽きるまで自助グループでのさまざまな役目を負うことにどっぷりと浸り、痛みを感じないようにしていました。身体も心もくたくたになり、役目を手放した直後ぐらいからバッシング報道が始まり、目も耳も塞ぎたくなりました。

「私は生きていてはいけないのだろうか？」「生きる価値のない

人間なのだろうか？」と、自助グループのミーティングで語っていました。

* * *

相模原事件の報道で、あの当時のことがフラッシュバックしたのです。

そんな時、精神科医の斉藤環さんが Twitter で呟かれていた言葉に、頭をハンマーで殴られたような衝撃を受けました。

——そもそも「生きる価値」という発想そのものが優生思想に親和性が高い。「死すべき悪」が存在するという勧善懲悪主義も、「自分は生きる価値がない」という自傷的自己愛も、「障害者は生きる価値がない」という発想もぜんぶ地続き——

私はずっと、相模原事件の犯人がしたのと同じことを、自分にしていたんだ。

そう気づいたのです。

私の中の「恥」の感覚は、これからもなくなることはないと思いますが、自分で自分に刃を向けるのは嫌です。

「私だけは、自分の味方をしよう。それでも心が折れそうなときは、仲間や専門家に助けを求めよう」

そんな風に思えるようになりました。

罪を犯した自分がここにいていいのか？ A

物心ついた頃から、父は家に居ませんでした。

理由は「不倫」です。

小学２年生のとき、作文で父親のことを書く授業があり、母の話を思い出して「ぼくのお父さんは、いしゃで、しゅるつを

しています」と書きました。知りもしないことを書くのに、すごく抵抗がありました。

他の子の作文が読み上げられるのを聞いたら「お父さんにグローブを買ってもらってキャッチボールをした」という内容だったので、そうか、こういうことを書けばよかったんだとわかり、思いつかなかった自分を悔やみました。

私は姉と弟の３人きょうだいで、英語教師をしていた母から「あんたは長男なんだから、偉い医者になって父親を見返せ」と言われて育ちました。

父が優秀な外科医であることは、私にとって恥であると同時に、プライドでもありました。

しかし私の成績は思うように伸びず、塾をサボってゲームセンターに行くようになります。万引きをしたり、ゲーム機からお金を盗んで友だちに振る舞ったりしました。

問題を起こすたび母に責められましたが、とどめは中学受験の失敗です。母から完全に見限られたと感じました。

◇ 居場所は暴力団

頼れるのは、一緒に悪さをした仲間たちだけ。無理して酒を飲み、一緒に薬を使うことで居場所を得ました。

両親が離婚したのはその頃です。

その際、きょうだいの中で私だけが父の籍に残ったことを知り、ショックを受けました。やはり私はいらない存在なんだ、と。

アメリカに渡ることを考えました。私は両親がアメリカ留学中に生まれた子どもなので、そこへ行けば何かが見つかるような気がしたのです。

けれど結局は薬にとられ、渡航前になってヤクザから誘わ

れた仕事に飛びつき、20歳で暴力団組員となりました。それこそが自分の居場所であり、自分が選択した道なのだと言い聞かせて。

◇ この人に聴いてもらいたい

　私はその後、逮捕、拘留、アルコール・薬物依存と破滅に向かっていきました。30歳のとき、トラックを飲酒運転して死亡事故を起こします。

　真っ青な空に、もくもくと黒煙があがっていく光景が今も目に焼きついています。実刑判決を受け、2年服役しましたが、自分のしたことに向き合うまでには釈放後さらに何年もかかりました。

　酒をやめてリハビリ施設と自助グループにつながっても、「自分のような人間がここにいていいのか？」という気持ちが常にありました。その恥を感じないですむように、虚勢を張るのが精いっぱいでした。

　少しずつ変わっていったのは、2つのきっかけからです。自分と同じような体験をしたスポンサー（回復上の助言者）との出会い。さらに、回復のメッセージを受刑者に伝える活動に加わったこと。

　誰にも言えないと思っていたことを、この人には聴いてもらいたい、この人の話を聴きたいと思うようになり、私の世界は少しずつ広がっていきました。

　自助グループへの安心感が持てるようになりました。こんな自分でも、ここでなら息ができる、受け入れてもらえる、自分の弱さを見せることができる、と。

◇ 受刑者に伝えるメッセージ

　幼い頃、母が私たちきょうだいを連れて、父の不倫相手の家に乗り込んだことを思い出します。そこにいた赤ん坊をあやした姉と弟は、夜中まで母に正座させられ叩かれていました。

　私はいつしか自分だけが苦しんできたように思いこんでいましたが、姉も弟も苦しんでいたことを、のちに知ります。

　子ども時代の自分たちに起きたことは不幸でした。数々の秘密、嘘、恥、言い争い、ののしり。そんな毎日の中を、よく生きてきたものだと思います。

　それでも自分が犯した罪の重大さを思うと、圧倒されます。世界が広がり、自分を客観的に見られるようになってくるとなおのこと、十字架を一生抱えていくしかないのだと思い知らされます。

　私ができるのは、自助グループの中でそんな自分を隠さずに、恥も、罪も、自己嫌悪も、受け入れること。この自分としてどう生きるかを考え、行動することです。

　刑務所へのメッセージは、これからも続けていきます。こんな自分でも酒をやめて仲間と生きている事実を、孤独な受刑者たちに伝えていきたい。私の過去や恥が浄化されるとしたら、唯一そうした瞬間なのだと思います。

家族から「脱出」するために

匿名

　かつて読んだアスクのメルマガに「恥（シェイム）」について書いてありました。この感情は、身のおきどころがないような身体感覚をともなうものだと。

　自分はこの部分を読んだとき、手のひらに汗がにじみ、全身鳥肌がたち、涙が一気にあふれてきました。

　まさに、身体感覚を揺さぶられたのです。そして、体の反応よりもずっと遅れて、いろいろな具体的な恥のイメージが浮かんできました。

　それからゆっくりと息を吐き、この体の反応をあらためて観察しました。私の体をとても愛おしく思いました。

　私の家族は、昔もいまも、いろいろ小さな問題を抱えています。ひとつひとつは小さいけれども、私の主観では「抱えたくない」ほどの総量です。

　私は、この家族からいったん離れようと、ひそかに準備を始めたところです。

　おそらく実際に物理的に離れるのは2年ほど先になることでしょう。

　それまで順調に運ぶとは限らないけれど、なんとか無事に脱出したい。

　安全な場で生きたいという思いを忘れないためにも、この体の感覚だけは絶対に大切にしようと改めて思いました。

治療・援助者のために

臨床で扱う
「恥」
マニュアル

岩壁 茂

カウンセリングにおいて、「恥（シェイム）」は重要なテーマのひとつです。

恥には、集団への適応や規律の維持に関わる肯定的な側面があると同時に、個人に対して大きな苦しみを与える側面もあります。

虐待や発達途上での傷つき体験などによって、恥の感情がアイデンティティの一部として内在化されることがあり、これを「中核的な恥（コア・シェイム）」と呼びます。コア・シェイムは自傷行為などさまざまな自己破壊的な行動と関係します。

繰り返す自己批判や自責による自分自身への恥感情、社会的なスティグマによる恥、恥をかかされることへの不安、恥感情からの回避なども、複雑な問題を作り出します。

恥の感情は、感じること自体が戸惑いや痛みをもたらすため、カウンセリングの中ではあえて「恥」の言葉を使わずに扱う工夫も大切です。

1 共感的・肯定的関係をつくる

そもそも援助を受けること自体が恥を引き起こします。問題を自分で解決できず、専門家の助けを必要としている状態だからです。また、「こんなことを言っていいのだろうか」「どこまで明かして大丈夫なのか」といった恥不安を抱えていることもしばしばです。

だからこそ、共感的・肯定的関係をつくることがすべての土台となります。

2 恥のサインに気づく

視線を下に向ける、居心地悪そうに座りなおす、鼻で笑うなど、恥のサインに気づいたら、それを受け取ったことを言葉で示し、肯定します。
「自分の問題について話すのは、勇気がいりますね」「どう思われるかと、不安に思うかもしれませんが、ここでは何を言っても大丈夫です」など。
「私なんて○○」のような恥をあらわす発言に対しては、「そんなことはありませんよ」と軽く切り返したり「どうしてそう思うのですか」と聞き返す前に、そこに含まれるトーンに注意しましょう。次のどちらでしょうか？
＊謙遜＝社交辞令。相手に近づいたり、緊張をやわらげるための恥のポーズ。治療上の課題ではない。
（ただし時に、演出と実際の気持ちの区別がつかなくなってしまうこともある。自分を卑下する意図的な行動を繰り返すことで実際に自分を卑小に感じたり、そこから生じるフラストレーションを無意識のうちに他の人に向けるなど）
＊自己侮蔑＝他者との距離をとろうとする。あるいは、相手に対して「この苦痛をなんとかしてあげなければ」という、本来負うべきではない責任を感じさせる。治療上の課題。

3 恥への接近と受容

恥を感じるのは苦痛なため、怒り・攻撃・回避などを繰り返して自分の内的体験に気づかずにいることが多いのです。かといって、恥への直面化を強いると拒絶に終わりがちです。

そこで、たとえば「そんなことがあったら、私なら傷ついてその場から逃げたくなるかもしれません」「侮辱されて怒り心頭なのですね。自分がちっぽけに扱われた感じがしたのでしょうか」など、根底にある痛みに焦点をあてるようにしながら、クライエントが恥の感情を認め、それを安全に体験できるようにします。

ほかにも、カウンセリングの場で恥のテーマを扱う場合、たとえば次のようにして、段階的に問いかけを深めていくこともできます。

・こう言われるとグサッとくるというのはありますか？
・人前で自分のまずい部分をさらされたと感じた体験は？
・情けないと感じたことは？
・弱さをみせたくない、隠れてしまいたいと思ったことは？
・あなたがとても傷ついたことは？

4 恥の危険を防ぐ

恥から逃げるために自分や他人に害を与える方法をとったり、恥に圧倒されないよう、現在のクライエントの状況に必要な心理教育を行ないます。恥の役割と影響を知る、自分だけではないことに気づく、など。

これまでの対処行動とは別の、安全な対処方法を考えます。

5 自分を肯定する

中核的な恥については、じっくり時間をかけて、植え込まれたメッセージを変えていく必要があります。

クライエントにとって「もっとも受け入れがたい自分の姿を

見せても、それが温かく受け入れられた」体験を積み重ねることで、恥の苦痛はやわらぎ、自分で自分を受け入れる出発点に立つことができます。

　クライエントの言葉の中に「やるだけはやったから、まあいいか」「少しはいいところもある」など、小さな片鱗でも恥に対抗するフレーズが出てきたら、その意義を認め、肯定します。

　こうして、自己効力感、喜び、温かさ、自尊心（他人との比較でなく自分を内側から照らすもの）、ユーモアなど、クライエントの中にあるリソースを引き出し、使えるようにしていきます。

監修者によるあとがき

岩壁　茂

　私は臨床活動でも研究でも「恥」に関心をもってきました。
　関心をもっているのは、恥だけではないですが、他の感情を扱っていても、必ずといって良いほど恥が関係してきます。

　人前で感情的になるのは恥ずかしい、恐怖などの恐怖を抱くことが恥ずかしい、というのはよくあることでしょう。
　ネガティブな感情だけではありません。
　恥は、喜び、幸福感、愛などのポジティブな感情にもくっつきます。そして、それらの体験が妨害されてしまいます。
　性や愛に関することには、ほぼ例外なく恥が関わってきます。
　恥ほど人の体験に染み渡ってくる感情はないくらいです。

　私が心理学を学んだのはカナダです。現在も海外の研究者とともに仕事をすることがしばしばあります。
　日本の臨床家に、恥について関心をもっていることを話すと「外国の感情心理学では、日本の恥の奥ゆかしさを到底理解できない」と言われることがあります。日本の文化のユニークさの一つが恥であり、それはこの文化に生まれ育ったものでしかわからない、というような強い信念すら感じられます。
　たしかに日本には独特の恥の意識の美学があります。恥じらいから感じられるかわいらしさや純粋さが好まれます。日本文学や映画に見られるような、人と人とのあいだに感じられる独特の「間」にも、恥とかかわる特徴があります。
　恥の美学は決していにしえの遺物ではなく、現代にも生きて

いるのを感じます。鉄道などでのマナー広告の多くは、公共の場でのあるべき姿、「みっともない」ことをしない恥の意識に訴えかけているようです。実際に、このような恥の意識からゴミ一つないきれいな街や、使いやすいさまざまな公共サービスが生まれるという面もあるかもしれません。

　もう一方で、恥が引き起こすさまざまな問題や苦しみも多くあります。そしてそれらが日常的に意識されないまま繰り返されることによって、人の自由な表現が失われたり、自己価値が感じられなかったり、という重大な問題にもつながります。
　毎日の生活の中で恥がどんなに大きな力をもって、意識せずに使われているか驚かされます。
　子どもが泣いているとき親が「みんな見ているわよ」「みっともない」「男の子でしょ」などというように恥に訴えかける場面をよく見受けます。人の目を意識させて社会的に適切ではない行動が止まることも多くあるかもしれません。しかし、子どもが泣く原因となったことは、解決しないままになってしまいます。悔しかったのか、悲しかったのか、自分の中に起こっている気持ちについて理解したりする機会がないまま、周囲の目の存在によってその追求が中断されてしまいます。
　他者の目を意識することも社会化と成長の過程において必要なことかもしれません。ただし、人から見てみっともないということで、自分の気持ちを抑えすぎたり、人に見せることを恥ずかしいと思うようになったら、そこから起こる損失もとても大きいでしょう。

　感情は、人と人がお互いの傷つきを癒やし、絆を作る機会を与えてくれます。「感情を表わさないお行儀の良さ」を学んで

しまうと、その代償として、自分の感情について学ぶ機会が失われてしまうかもしれません。

恥は、至るところに作られます。ちょっとした視線のやりとり、口調、表情からも相手に恥を作り出すことはできます。

日常場面で頻繁に起こるために、気に留めたり、疑問に思ったりもせずに、その影響を受けてしまいます。そして、そのようなちょっとした傷つきを起こすような恥の体験に慣れ、ある意味で免疫をつけますが、同時にその感覚が麻痺してしまい、自分が他者に対して恥を喚起するような行動をしてもそれにも気づかないようになっていきます。

このような恥は、小さな単位で起こる恥体験であり、マイクロ・シェイムと呼んでも良いでしょう。これらに気づいて、その影響について理解することは恥の呪縛から解き放たれる一歩であると思います。本書は、その一助になる力強い味方です。

恥は人間の証でもあるため、なくすことはできません。しかし、それに気づけること、それを理解すること、ユーモアをもって温かく迎えること、お互いの恥を大切にすることで、心理的な成長や、対人的つながりを深めることにつながると思います。そんなメッセージを至るところで感じることができる本書は、とても貴重だと感じます。

このような企画を考えてくださり、恥について効果的にわかりやすく伝えることを可能にしてくださった編集部の武田裕子さんに感謝を申し上げます。

シェイムは、孤立と秘密の中で育ちます。
弱点は、正直さと共感と笑いです。

岩壁 茂 プロフィール

お茶の水大学 教授
（生活科学部 心理学科）

神奈川県横浜市生まれ。早稲田大学の政治経済学部経済学科を卒業後、カナダ・ケベック州モントリオールのマッギル大学に学士編入し、心理学を学ぶ。同大学大学院でカウンセリング心理学の博士号を取得した。
専門は心理療法学。
心理療法プロセスと効果の研究、背景にある文化的要因の研究などを中心に行なっている。
そして、もうひとつの大きな研究テーマが「心理的健康における感情の役割」であり、特に恥・罪悪感などの自意識感情に着目している。

アスク セレクション②

恥（シェイム）…
生きづらさの根っこにあるもの

2019 年 3 月 20 日　初版第一刷発行
2021 年 9 月 20 日　第二刷発行
監修　岩壁 茂
構成　アスク・ヒューマン・ケア
発行者　今成知美

発行所　特定非営利活動法人ＡＳＫ
発　売　アスク・ヒューマン・ケア
〒 103-0014 東京都中央区日本橋蛎殻町 1-2-7-1F
電話　03-3249-2551　　URL www.a-h-c.jp

印刷所　明和印刷

定価はカバーに表示してあります。
本書の無断転載・複写複製（コピー）を禁じます。
落丁・乱丁はお取替えします。

©Shigeru Iwakabe, 2019 printed in Japan

アスク・ヒューマン・ケアは、特定非営利活動法人 ASK の事業部として、出版・通信講座の運営・研修などを行なっています。
ホームページ　www.a-h-c.jp
ASK のホームページ　https://www.ask.or.jp/

アスク セレクション①

心の体質改善♥

「スキーマ療法」自習ガイド

監修　伊藤絵美

認知行動療法の進化形「スキーマ療法」のエッセンスをわかりやすくご紹介。苦しい生きかたから抜けるヒントがほしい人、子ども時代に身につけたパターンを見直したい人のために。

アスク・ヒューマン・ケアの本

★マークの付いた書籍は電子版もあり。
くわしくはホームページ（www.a-h-c.jp）を。

◆赤ずきんとオオカミのトラウマ・ケア ★

白川美也子　著

トラウマはなぜ苦しみを引き起こす？　被害と加害はなぜ繰り返される？──赤ずきんとオオカミの物語仕立てで、トラウマ記憶のしくみや回復プロセスを学びます。支援者も当事者や家族も読める1冊。

◆アダルト・チャイルドが自分と向きあう本 ★

アスク・ヒューマン・ケア研修相談センター　編

過去を理解し、現在の自分を受け入れるために。各章のワークに取り組みがら、自分を苦しめているパターンがどこから来ているのを見つけ、癒していきます。

◆アダルト・チャイルドが人生を変えていく本 ★

アスク・ヒューマン・ケア研修相談センター　編

ロングセラー「アダルト・チャイルドが自分と向きあう本」の続編。新しい生き方をつくっていくためには、どうしたらいい？……自他境界、対等なコミュニケーション、親密さなどを学ぶ1冊。

◆子どもを生きればおとなになれる

クラウディア・ブラック　著

人の責任まで背負い込んで人並み以上にがんばるのではなく、「自分を幸せにできる人」が本当のおとな。そのためには子ども時代の痛みから抜け出すことが必要──AC概念の生みの親による渾身の一冊です。

◆ ［季刊ビィ］Be!
依存症・AC・人間関係…回復とセルフケアの最新情報

さまざまな依存症からの回復、ACや共依存の課題、トラウマからの回復など。治療・援助者にも役立つ最新情報が満載です。
年4回発行　確実にお手元に届く年間購読がおすすめ！